AF359343

ÉTRENNES

AUX

BIBLIOGRAPHES,

OU

NOTICE ABRÉGÉE

DES LIVRES

LES PLUS RARES,

Avec leurs prix.

A

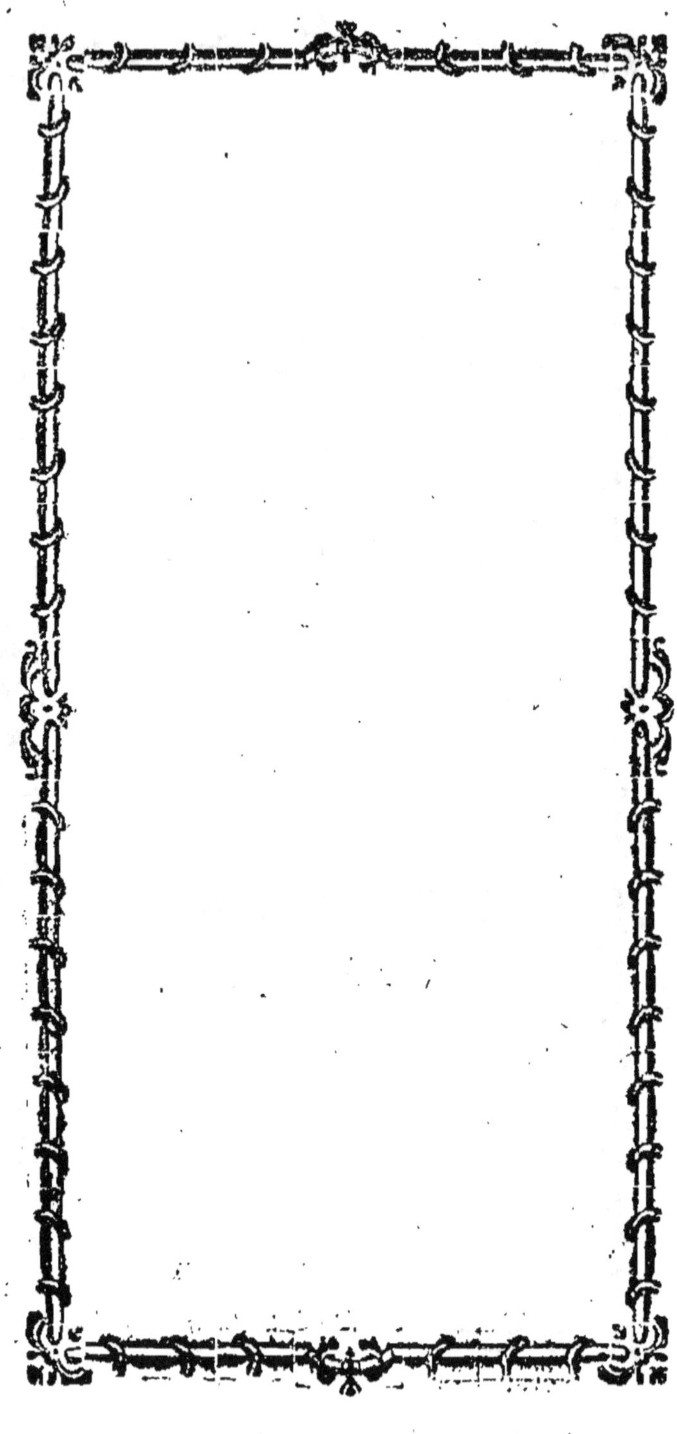

ÉTRENNES

AUX

BIBLIOGRAPHES,

OU

NOTICE ABRÉGÉE

DES LIVRES

LES PLUS RARES,

Avec leurs prix.

A PARIS,

Chez DUCHESNE, rue S. Jacques.

Et chez MÉRIGOT pere, Quai des Augustins.

M. DCC. LX.

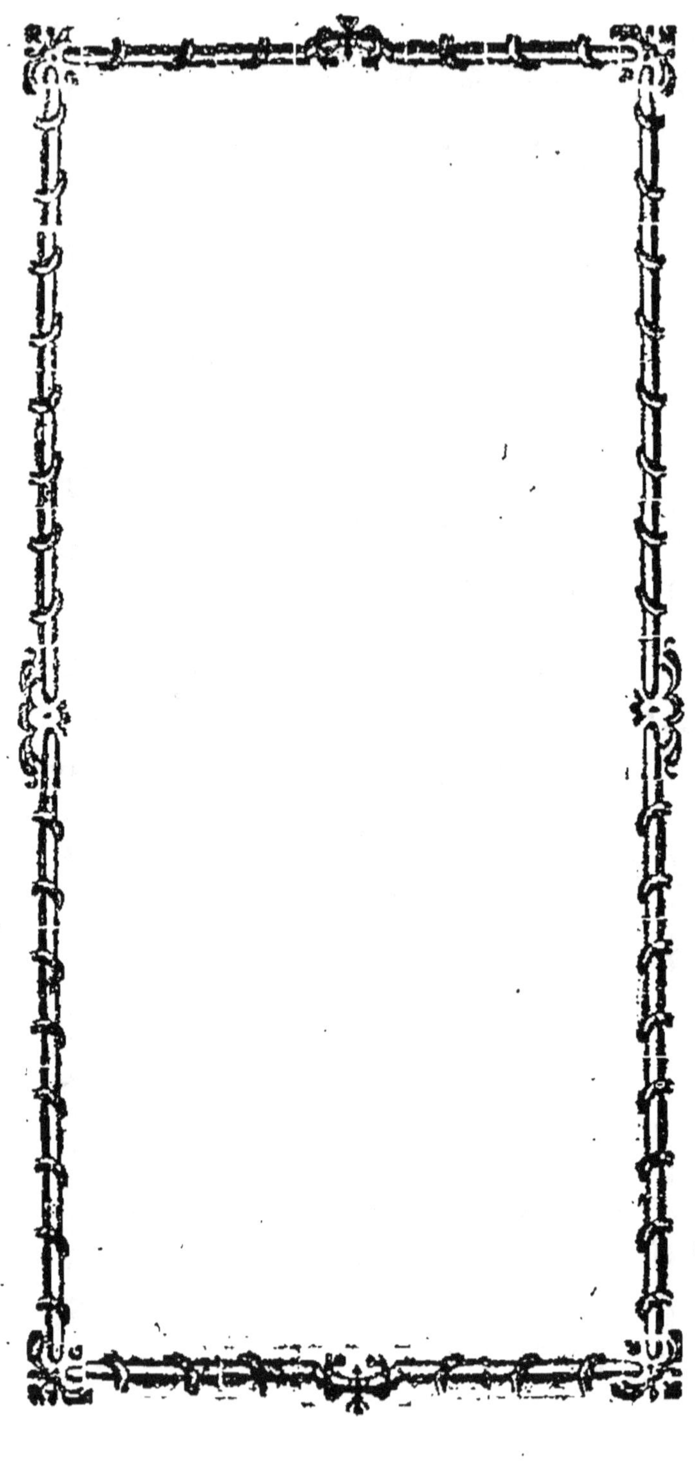

AN DE GRACE

M. DCC. LX.

ANNÉE BISEXTILE,

ET la 178e. depuis la Corr#ction Grégorienne.

FÊTES MOBILES.

La Septuagefime,	3 Février.
Les Cendres,	20 Février.
PASQUES,	6 Avril.
Rogations,	12, 13 & 14 Mai.
L'Afcenfion,	15 Mai.
LA PENTECÔTE,	25 Mai.
La Sainte Trinité,	1 Juin.
La Fête du S. Sacrement,	5 Juin.
L'Avent,	30 Novembre.

De l'Épiphanie à la Septuagefi-
me, il y aura trois Dimanches.

De la Pentecôte à l'Avent, il y
aura vingt-fix Dimanches.

COMPUT ECCLÉSIASTIQUE.

Nombre d'Or,   13.
Cycle Solaire,   6.
Épacte,   12.
Indiction Romaine,   viij.
Lettres Dominicales,   F. E.
Lettre du Martyrologe,   m.

LES QUATRE-TEMPS.

Les 27, 29 Février & 1 Mars.
Les 28, 30 & 31 Mai.
Les 17, 19 & 20 Septembre.
Les 17, 19 & 20 Décembre.

LES QUATRE SAISONS.

Le Printemps commencera cette Année le 20 Mars, à 3 heures 23 minutes du matin.

L'Été, le 21 Juin à 1 heure 37 minutes du matin.

L'Automne, le 22 Septembre à 3 heures 26 minutes du matin.

L'Hyver, le 21 Décembre à 7 heures 21 minutes du soir.

ÉCLIPSES.

IL y aura cette Année deux Eclipſes de Soleil ; la premiere arrivera le 13 Juin ; ſon commencement à 6 h. 43 m. du mat. ſon milieu à 7 h. 28 min. ſa fin à 8 h. 26 m. ſa grand. 5 doigts 21 m. La ſeconde arrivera le 7 Décembre, & ne ſera viſible que dans l'Amérique Méridionale.

Il y aura deux Eclipſes de Lune viſibles ; la prem. le 29 Mai ; ſon commencement à 9 h. 22 m. 57 ſec. ſon milieu à 9 h. 45 min. 57 ſec. & ſa fin à 10 h. 8 m. 57 ſec. ſa durée 46 m. 0 ſec. ſa gr. 24 m. de doigt de la partie auſtrale de la Lune.

La ſeconde le 22 Novembre ; ſon commencement à 8 h. 4 m. 36 ſec. ſon milieu à 9 heures 18 m. 6 ſec. ſa fin à 10 h. 31 m. 36 ſec. ſa grand. 6 doigts 21 m. de la partie boréale de la Lune.

FIGURES DE LUNAISONS.

- Nouvelle Lune.
- Premier Quartier.
- Pleine Lune.
- Dernier Quartier.

1	Mardi *La Circoncision.*	
2	Merc. s. Basile.	☉ Le
3	Jeudi *Ste. Génevieve.*	2 à 5 h.
4	Vend. s. Rigobert.	1 min.
5	Same. s. Simeon Styl.	du s.
6	*Dim. Les Rois.*	
7	Lundi *Nôces.*	
8	Mardi s. Lucien.	
9	Merc. s. Julien.	
10	Jeudi s. Guillaume.	☾ Le
11	Vend. s. Théodose.	10 à 6
12	Same. s. Paul, Herm.	heu. 5
13	1 *Di.* s. Hilaire.	m. du
14	Lundi s. Felix.	mat.
15	Mardi s. Maur.	
16	Merc s. For cy.	
17	Jeudi s. Antoine.	
18	Vend. La Ch. s. P. à R.	⊕ Le
19	Same. s. Sulpice.	18 à 6
20	2 *Dim.* s. Sébastien.	he. 41
21	Lundi ste. Agnés.	m. du
22	Mardi s. Vincent.	mat.
23	Merc. s. Ildephon.	
24	Jeudi s. Timothée.	
25	Vend. Con. de s. Paul.	☽ Le
26	Same. ste. Paule.	25 à 7
27	3 *Dim.* s. Jean Chrisost.	he. 20
28	Lundi s. Charlemagne.	m. du
29	Mardi s. Franç. de Sal.	mat.
30	Merc. ste. Bathilde.	
31	Jeudi s. Pierre Nol.	A v

FÉVRIER.

1 Vend. s. Ignace.	☉ Le
2 Same. *La Purification.*	1 à 6 h.
3 *Dim. Septuagesime.*	33 mi.
4 Lundi s. Gilbert.	du m.
5 Mardi ste. Agathe.	
6 Merc. s. Vaast.	
7 Jeudi s. Romuald.	
8 Vend. s. Jean de Mat.	
9 Same. ste. Apolline.	☾ Le
10 *Dim. Sexagesime.*	9 à 3 h.
11 Lundi s. Séverin.	29 mi.
12 Mardi ste. Eulalie.	du m.
13 Merc. s. Fulcran.	
14 Jeudi s. Valentin.	
15 Vend. s. Faustin.	
16 Same. ste. Julienne.	● Le
17 *Dim. Quinquagesime.*	16 à 6
18 Lundi s. Simeon.	he. 51
19 Mardi s. Boniface.	m. du
20 Merc. *Les Cendres.*	soir.
21 Jeudi s. Flavien.	
22 Vend. Ch. de s. Pierre.	
23 Same. s. Lazare.	☽ Le
24 *Dim. Quadragesime.*	23 à 3
25 Lundi *s. Mathias.*	he. 26
26 Mardi s. Alexandre.	m. du
27 Merc. 4 *Temps.*	soir.
28 Jeudi ste. Honorine.	
29 Vend. s. Romain.	

1 Same. s. Aubin.	☉ Le
2 *Dim. Reminiscaris.*	1 à 9 h.
3 Lundi ste. Camille.	26 mi.
4 Mardi s. Casimir.	du s.
5 Merc. s. Drausin.	
6 Jeudi ste. Colette.	
7 Vend. s. Thomas d'Aq.	
8 Same. s. Jean de Dieu.	
9 *Dim. Oculi.*	
10 Lundi s. Doctrovée.	☾ Le
11 Mardi Mém. des 40 M.	10 à 0
12 Merc. s. Grégoire.	he. du
13 Jeudi s. Léandre.	mat.
14 Vend. s. Lubin.	
15 Same. s. Longin.	
16 *Dim. Lætare.*	
17 Lundi s. Patrice.	● Le
18 Mardi s. Edouart.	17 à 8
19 Merc. s. Joseph.	he. 12
20 Jeudi s. Joachim.	m. du
21 Vend. s. Benoît.	mat.
22 Same. s. Paul, Ev.	
23 *Dim. Judicâ.*	☽ Le
24 Lundi ste. Cather. de S.	23 à 11
25 Mardi *L'Annonciation.*	he. 57
26 Merc. s. Rupert.	m. du
27 Jeudi s. Gontran.	soir.
28 Vend. s. Eustase.	☉ Le
29 Same. s. Rieule.	31 à 1 h.
30 *Dim. Les Rameaux.*	16 m.
31 Lundi ste. Balbine.	du s.

1 Mardi s. Valery.		
2 Merc. s. Fr. de Paule.		
3 Jeudi s. Richard.		
4 Vend. *Vendredi-Saint*.		
5 Same. s. Vincent.		
6 *Dim.* PASQUES.		
7 *Lundi* s. Hégésippe.		
8 *Mardi* s. Denis, Ev.	☾ Le	
9 Merc. s. Procope.	8 à 5h.	
10 Jeudi s. Macaire.	44 m.	
11 Vend. s. Leon.	du f.	
12 Same. s. Jules.		
13 1 *Dim. Quasimodo.*		
14 Lundi s. Tiburce.	● Le	
15 Mardi s. Paterne.	15 à 5	
16 Merc. s. Druon.	he. 20	
17 Jeudi s. Anicet.	m. du	
18 Vend. ste. Apollone.	mat.	
19 Same. s. Garnier.		
20 2 *Dim.* s. Anselme.		
21 Lundi s. Marcellin.	☽ Le	
22 Mardi s. Oportune.	22 à 7	
23 Merc. s. Georges.	he. 19	
24 Jeudi ste. Beuve.	m. du	
25 Vend. s. Marc.	mat.	
26 Same. s. Clet.	☉ Le	
27 3 *Dim.* s. Polycarpe.	30 à 5	
28 Lundi s. Vital.	he. 36	
29 Mardi ste. Marie Eg.	m. du	
30 Merc. s. Eutrope.	mat.	

1 Jeudi *S. Jacq. & s. Ph.*
2 Vend. s. Athanase.
3 Same. Inv. ste. Croix.
4 *4 Dim.* ste. Monique.
5 Lundi s. Pie V, Pape.
6 Mardi s. J. Porte-Lat.
7 Merc. ste. Mâthie.
8 Jeudi s. Stanislas.   ☾ le 8
9 Vend. s. Grégoire de N.   à 7 h.
10 Same. s. Guy.   30 m.
11 *5 Dim.* ste. Soulange.   du m.
12 Lundi *Les Rogations.*
13 Mardi s. Servais.
14 Merc. s. Pomponne.
15 Jeudi L'ASCENSION.   ⊕ Le
16 Vend. s. Honoré.   15 à 1
17 Same. s. Montain.   he. 14
18 *6 Dim.* s. Pierre Célest. m. du
19 Lundi s. Yves.   mat.
20 Mard. s. Bernardin.
21 Merc. s. Hospice.   ☽ Le
22 Jeudi ste. Julie.   21 à 8
23 Vend. s. Didier.   h. 5 m.
24 Same. *Vigile & Jeûne.*   du s.
25 *Dim.* PENTECÔTE.
26 *Lundi* s. Phil. de Nerr.
27 *Mardi* s. Hildevert.   ☉ Le
28 Merc. s. Germain.   29 à 9
29 Jeudi ste. Bonne.   he. 33
30 Vend. s. Hubert.   m. du
31 Same. s. Petrine.   B   soir.

JUIN.

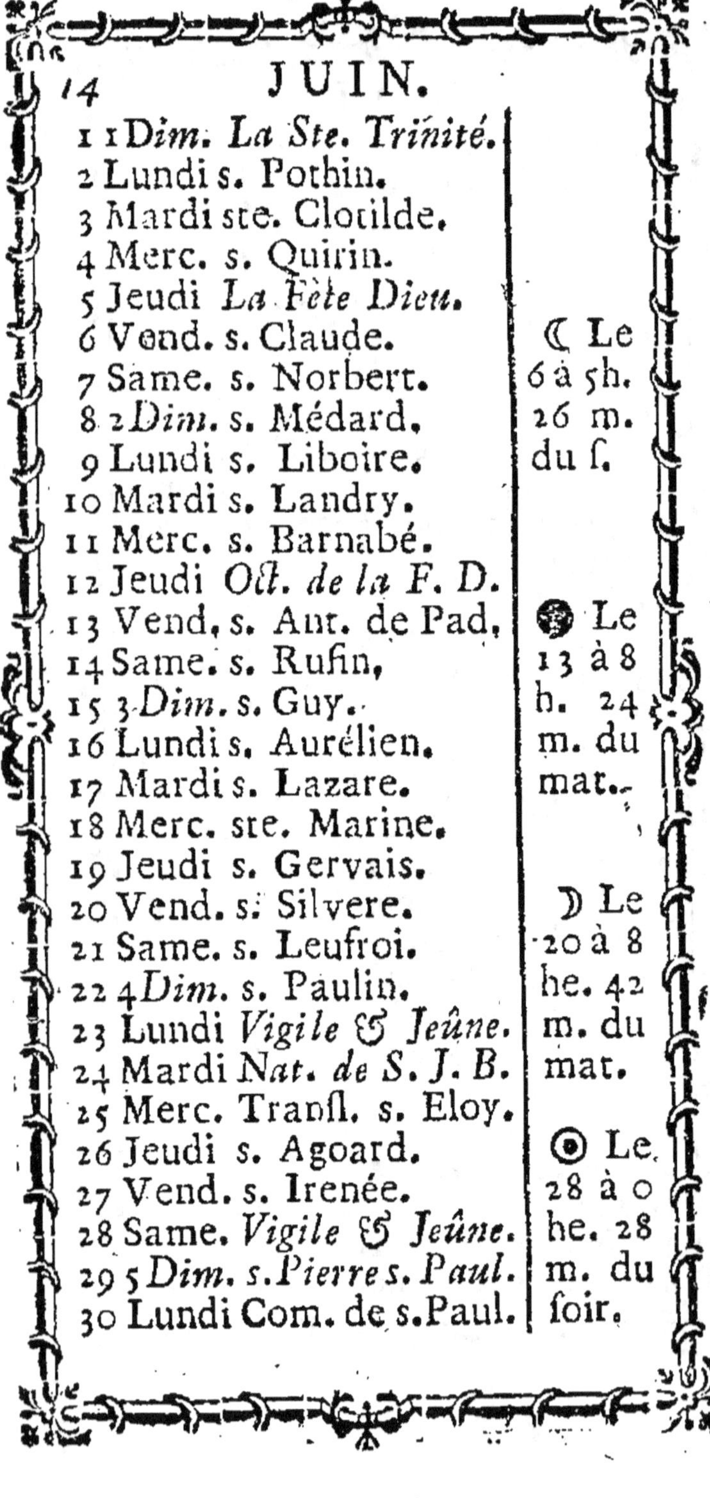

1	1 *Dim. La Ste. Trinité.*	
2	Lundi s. Pothin.	
3	Mardi ste. Clotilde.	
4	Merc. s. Quirin.	
5	Jeudi *La Fête Dieu.*	
6	Vend. s. Claude.	☾ Le
7	Same. s. Norbert.	6 à 5 h.
8	2 *Dim.* s. Médard.	26 m.
9	Lundi s. Liboire.	du f.
10	Mardi s. Landry.	
11	Merc. s. Barnabé.	
12	Jeudi *Oct. de la F. D.*	
13	Vend. s. Ant. de Pad.	● Le
14	Same. s. Rufin.	13 à 8
15	3 *Dim.* s. Guy.	h. 24
16	Lundi s. Aurélien.	m. du
17	Mardi s. Lazare.	mat.
18	Merc. ste. Marine.	
19	Jeudi s. Gervais.	
20	Vend. s. Silvere.	☽ Le
21	Same. s. Leufroi.	20 à 8
22	4 *Dim.* s. Paulin.	he. 42
23	Lundi *Vigile & Jeûne.*	m. du
24	Mardi *Nat. de S. J. B.*	mat.
25	Merc. Transf. s. Eloy.	
26	Jeudi s. Agoard.	☉ Le
27	Vend. s. Irenée.	28 à o
28	Same. *Vigile & Jeûne.*	he. 28
29	5 *Dim.* s. Pierre s. Paul.	m. du
30	Lundi Com. de s. Paul.	soir.

JUILLET.

```
 1 Mardi s. Martial.
 2 Merc. Visit. de N. D.
 3 Jeudi s. Anatole.
 4 Vend. Transl. s. Mart.
 5 Samé. ste. Zoé.
 6 5 Dim. s. Goar.              ☾ Le
 7 Lundi s. Thomas.            6 à oh.
 8 Mardi s. Élisabeth.         25 m.
 9 Merc. s. Cyrille.           du m.
10 Jeudi Les 7 Fr. Mart.
11 Vend. Translat. s. Ben.
12 Same. s. Jean Galbert.     ● Le
13 7 Dim. s. Turiaf.          12 à 4
14 Lundi s. Bonaventure.      h. 2 m.
15 Mardi s. Henry.            du s.
16 Merc. s. Eustache.
17 Jeudi s. Sperat.
18 Vend. s. Thomas d'Aq.
19 Same. s. Vincent.          ☽ Le
20 8 Dim. ste. Marguerite.    19 à 11
21 Lundi s. Victor.           he. 46
22 Mardi ste. M. Magdel.      m. du
23 Merc. s. Apollinaire.      soir.
24 Jeudi Comm. des Can.
25 Vend. s. Jacq. s. Christ.
26 Same. ste. Anne.
27 9 Dim. s. Pantaleon.       ☉ Le
28 Lundi s. Joachim.          28 à 1
29 Mardi ste. Marthe.         he. 36
30 Merc. s. Ours.             m. du
31 Jeudi s. Germain.          mat.
```

AOUST.

1 Vend. s. Pierre ès lien.	
2 Same. s. Étienne.	
3 10 *Di.* Inv. s. Étienne.	
4 Lundi s. Dominique.	☾ Le
5 Mardi s. Yon.	4 à 5
6 Merc. Transf. de N. S.	he. 59
7 Jeudi s. Caëtan.	m. du
8 Vend. s. Justin.	mat.
9 Same. *Vigile & Jeûne.*	
10 11 *Di. S. Laurent.*	
11 Lundi Suf. de la C. d'É.	⊛ Le
12 Mardi ste. Claire.	11 à 0
13 Merc. s. Hippolyte.	he. 58
14 Jeudi *Vigile & Jeûne.*	m. du
15 Vend. *Assompt. de la V.*	mat.
16 Same. s. Roch.	
17 12 *Di.* s. Mammès.	
18 Lundi s. Héléne.	☽ Le
19 Mardi s. Louis, Ev.	18 à 4
20 Merc. s. Bernard.	he. 46
21 Jeudi s. Sidoine.	m. du
22 Vend. s. Syphorien.	soir.
23 Same. s. Flieu.	
24 13 *Di. S. Barthelemy.*	
25 Lundi *S. Louis, Roi.*	
26 Mardi *Fin des Canic.*	⊙ Le
27 Merc. s. Césaire.	26 à 1
28 Jeudi s. Augustin.	he. 41
29 Vend. Déc. de s. Jean.	m. du
30 Same. s. Fiacre.	soir.
31 14 *Di.* s. Ovide.	

1 Lundi s. Leu.
2 Mardi s. Lazare.
3 Merc. s. Grégoire.
4 Jeudi s. Marcel.
5 Vend. s. Victorin.
6 Same. s. Saffier.
7 15 *Di.* s. Cloud.
8 Lundi *Nativité de la V.*
9 Mardi s. Omer.
10 Merc. s. Nicol. de Tol.
11 Jeudi ste. Théodore.
12 Vend. s. Raphaël.
13 Same. s. Maurille.
14 16 *Di.* Exal. ste Croix.
15 Lundi s. Évre.
16 Mardi s. Cyprien.
17 Merc. s. Lamb. 4 *Temp.*
18 Jeudi s. Jean Chrisost.
19 Vend. s. Janvier.
20 Same. *Vigile & Jeûne.*
21 17 *Di. S. Mathieu.*
22 Lundi s. Maurice.
23 Mardi ste. Tecle.
24 Merc. s. Andoche.
25 Jeudi s. Firmin.
26 Vend. s. Guérin.
27 Same. s. Côme s. Dam.
28 18 *Di.* s. Ceran.
29 Lundi s. Michel.
30 Mardi s. Jerôme.

☾ Le 2 à 11 he. 27 m. du mat.

🌑 Le 9 à 12 he. du mat.

☽ Le 17 à 11 he. 33 m. du mat.

☉ Le 25 à 0 he. 30 m. du mat.

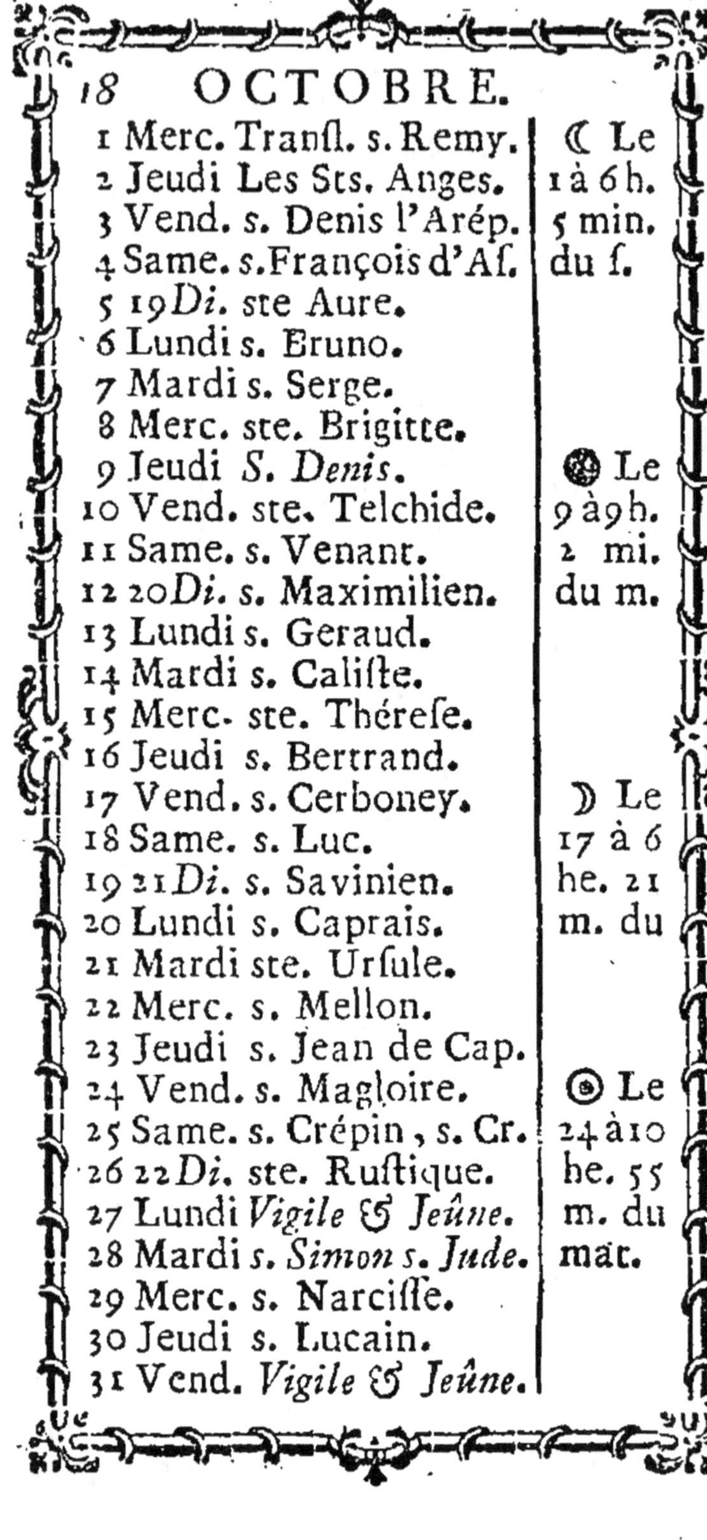

1 Merc. Transl. s. Remy.	☾ Le	
2 Jeudi Les Sts. Anges.	1 à 6 h.	
3 Vend. s. Denis l'Arép.	5 min.	
4 Same. s. François d'As.	du s.	
5 19 *Di.* ste Aure.		
6 Lundi s. Bruno.		
7 Mardi s. Serge.		
8 Merc. ste. Brigitte.		
9 Jeudi *S. Denis.*	⊛ Le	
10 Vend. ste. Telchide.	9 à 9 h.	
11 Same. s. Venant.	2 mi.	
12 20 *Di.* s. Maximilien.	du m.	
13 Lundi s. Geraud.		
14 Mardi s. Caliste.		
15 Merc. ste. Thérese.		
16 Jeudi s. Bertrand.		
17 Vend. s. Cerboney.	☽ Le	
18 Same. s. Luc.	17 à 6	
19 21 *Di.* s. Savinien.	he. 21	
20 Lundi s. Caprais.	m. du	
21 Mardi ste. Ursule.		
22 Merc. s. Mellon.		
23 Jeudi s. Jean de Cap.		
24 Vend. s. Magloire.	⊙ Le	
25 Same. s. Crépin, s. Cr.	24 à 10	
26 22 *Di.* ste. Rustique.	he. 55	
27 Lundi *Vigile & Jeûne.*	m. du	
28 Mardi *s. Simon s. Jude.*	mat.	
29 Merc. s. Narcisse.		
30 Jeudi s. Lucain.		
31 Vend. *Vigile & Jeûne.*		

1	Same. *La* TOUSSAINT.	☾ Le
2 23	*Di. S. Marcel.*	1 à 2
3	Lundi *Les Trépaffés.*	he. 43
4	Mardi s. Charles.	m. du
5	Merc. ste. Bertille.	mat.
6	Jeudi s. Léonard.	
7	Vend. s. Baudin.	✹ Le
8	Same. Les Stes. Reliq.	7 à 7 h
9 24	*Di.* s. Mathurin.	11 m.
10	Lundi s. Quintien.	du f.
11	Mardi s. *Martin.*	
12	Merc. s. René.	
13	Jeudi s. Brice.	
14	Vend. ste. Balfamie.	
15	Same. s. Eugène.	☽ Le
16 25	*Di.* s. Efme.	15 à 11
17	Lundi s. Agnan.	he. 28
18	Mardi ste. Aude.	m. du
19	Merc. ste. Élifabeth.	foir.
20	Jeudi s. Edmond.	
21	Vend. La Préf. de N.S.	
22	Same. ste. Cécile.	☉ Le
23 26	*Di.* s. Clément.	22 à 8
24	Lundi s. Séverin.	he. 59
25	Mardi ste. Catherine.	m. du
26	Merc. ste. Gén. des Ar.	foir.
27	Jeudi s. Maximin.	☾ Le
28	Vend. ste. Queite.	29 à 2
29	Same. *Vigile & Jeune.*	h. 8 m.
30 1	*Dim.* s. *André. Avent.*	du f.

 1 Lundi s. Éloy.
 2 Mardi ste. Bibiene.
 3 Merc. s. Fran. Xavier.
 4 Jeudi ste. Barbe.
 5 Vend. s. Sabas.
 6 Same. s. Nicolas.
 7 2 *Dim.* s. Ambroife.   Le
 8 Lundi *Concep. de la V.*   7 à 2h.
 9 Mardi s. Enguerran.   15 mi.
10 Merc. ste. Eulalie.   du f.
11 Jeudi s. Fufcien.
12 Vend. s. Valery.
13 Same. ste. Luce.
14 3 *Dim.* s. Nicaife.
15 Lundi s. Maximin.   ☽ Le
16 Mardi ste. Adelaïde.   15 à 2
17 Merc. *Les 4 Temps.*   he. 19
18 Jeudi s. Gatien.   m. du
19 Vend. s. Timoleon.   foir.
20 Same. s. Liberat.
21 4 *Dim. S. Thomas.*
22 Lundi s. Honorat.   ☉ Le
23 Mardi ste. Victoire.   22 à 7
24 Merc. *Vigile & Jeûne.*   he. 36
25 Jeudi NOEL.   m. du
26 Vend. *S. Étienne.*   mat.
27 Same. *S. Jean l'Évang.*
28 *Dim. Les ss. Innocens.*   ☾ Le
29 Lundi s. Thomas de C.   29 à 5
30 Mardi s. Sabin.   h. 9m.
31 Merc. s. Sylveftre.   du m.

ÉTRENNES
AUX
BIBLIOGRAPHES,
OU
NOTICE ABRÉGÉE
DES LIVRES
LES PLUS RARES,

Avec leurs prix.

B v

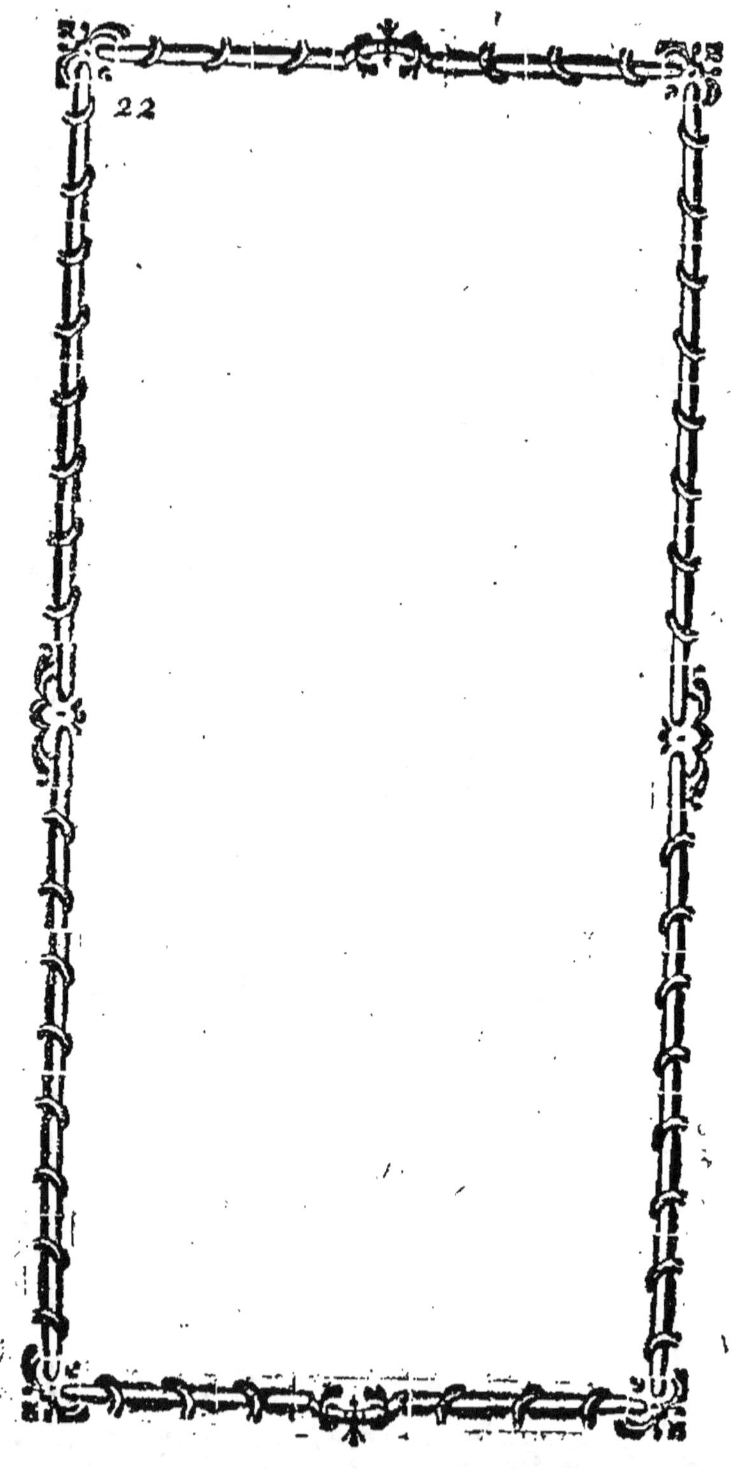

AVERTISSEMENT.

ON se trouve tous les jours dans le cas de voir des livres exposés en vente ; il s'en trouve quelquefois de rares ; mais l'impossibilité où l'on est pour lors de pouvoir consulter quelques Auteurs, le défaut de mémoire, ou mille autres circonstances, contribuent à faire manquer ces hasards heureux aux personnes qui ne sont pas extrêmement versées dans la connoissance des livres. C'est pour parer à ces inconveniens, que j'offre aujourd'hui ce petit essai : s'il étoit bien accueilli du Public, je pourrai y

joindre plusieurs Supplements de
même forme dans le cours de cette
année, ce qui suffiroit pour faire
connoître au moins les livres les
plus rares : au reste, quelque soit
le sort de cette petite production,
je n'aurai point à me reprocher
d'avoir présenté sous un titre fri-
vole, des choses plus frivoles encore. Mon but a été d'être utile,
c'est au Public à juger.

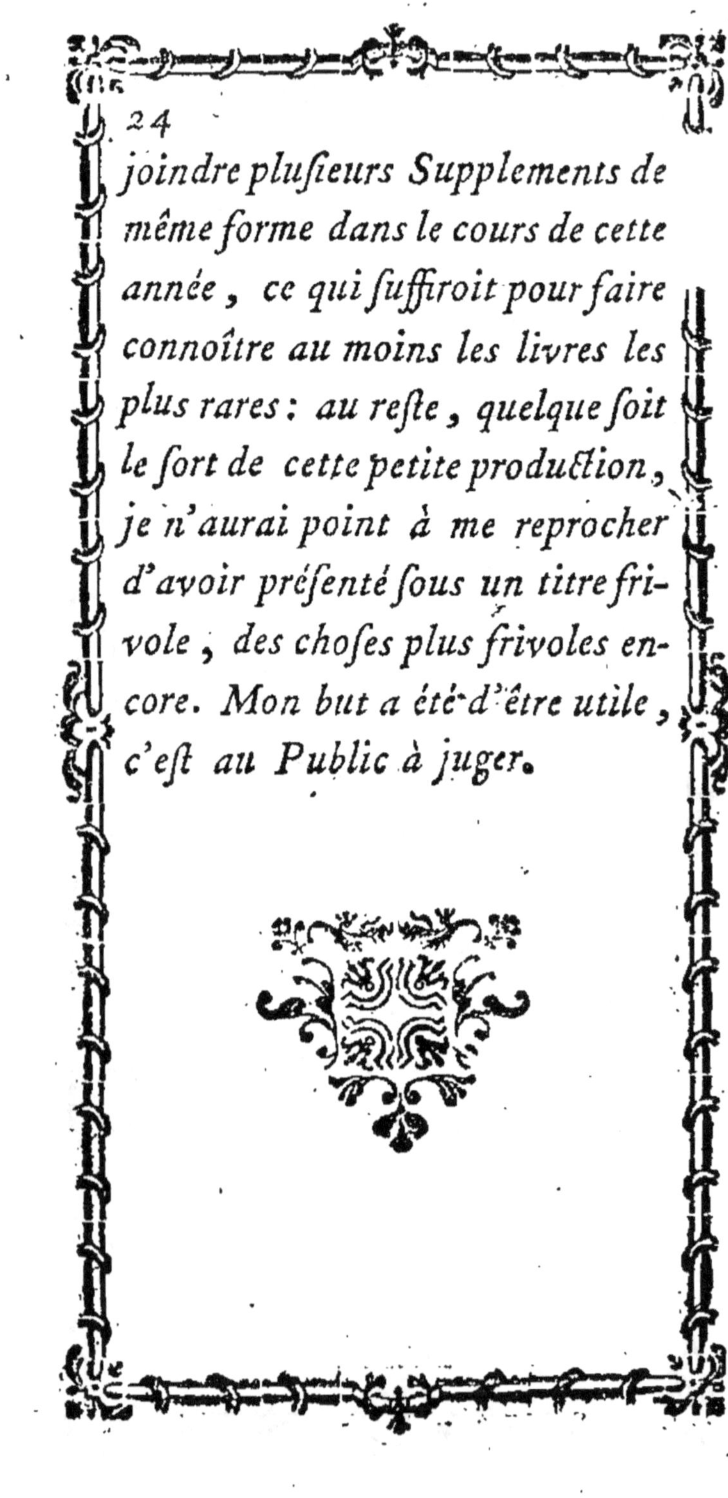

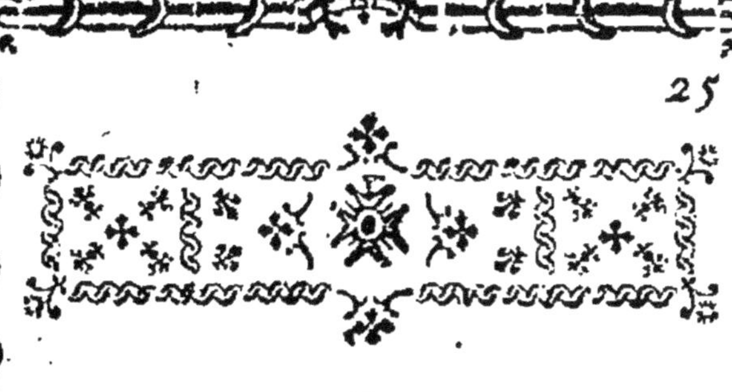

A

Auguſtini (Antonii) Archiepiſcopi Tarraconenſis de emendatione Gratiani dialogorum libri II. *Tarracone, Mey.* 1587. *in-*4°. 40 liv.

Cet ouvrage de Droit Canonique eſt rare & recherché, à cauſe de ſa parfaite exactitude. Bâluze en a donné une édition en 1672, avec de très-ſçavantes Notes ; mais les Bibliographes lui préfèrent, quoique ſans raiſon, l'édition originale.

B

Baccii (Andreæ) Elpidiani Medici atque Philosophi , de naturali vinorum Historia lib. VII. &c. *Romæ, Mutius.* 1596. *in-fol.*

La seule édition différente de celle-ci est celle qui fut donnée en 1607, à Francfort. Ce livre est plus rare qu'utile. Le prix ordinaire de cet ouvrage est de 60 ou 72 liv.

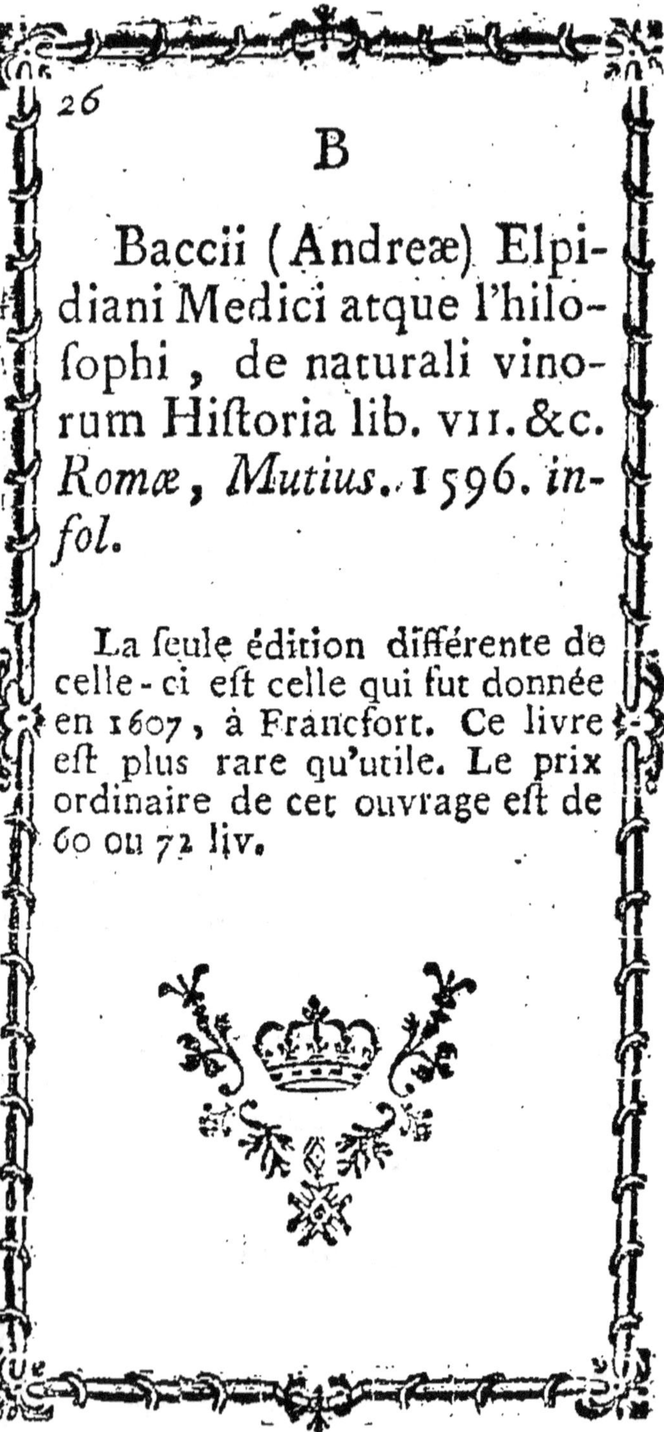

B

Biblia (la) que es los sacros libros del viejo y nuevo Teſtamento en Eſpañol, por Caſſiodoro de Reyna. 1569. *in-*4°. 24 à 30 liv.

Cette Bible connue de pluſieurs perſonnes ſous le nom de Bible de l'*Ours*, à cauſe que cet animal ſe trouve repréſenté dans la vignette du frontiſpice, eſt Calviniſte. Elle n'a point été réimprimée en entier en 1596, comme le dit l'Editeur du Catalogue de M. de Prefont ; mais le nouveau Teſtament ſeul a vû le jour en 1596. *in-*8°.

B

Biblia Sacra Polyglotta complectentia vetus Testamentum Hebraico, Græco Latinoque idiomate. N. Testamentum Gr. & Lat. & vocabularium Hebr. & Chaldaïc. Veteris Testam. cùm Grammaticâ Hebraicâ nec non Dictionario Græco, studio & impensis Cardinal. Ximenii. *Compluti de Brocario.* 1514, 1515 & 1517. 6 vol. *in-fol.*

Cette Polyglotte du Cardinal *Ximenès*, n'est recherchée qu'à cause de sa rareté, étant bien moins complette que toutes celles qui ont parues depuis. On croit communément que les trois der-

B

niers textes y sont altérés , & qu'il n'y a que l'Hebreu qui soit dans toute sa pureté. Cet ouvrage vaut 4 à 5 cens liv.

C

Causa (de la) principio & uno, da Giordano Bruno Nolano. Venetia. 1585. *in* - 8°.

Cet autre ouvrage de Brunus, est l'apologie qu'il fait lui-même des opinions singulieres qu'il avoit répandues dans *la Cena de le Cineri*. Ce Traité s'est vendu 35, 40, 45 francs, suivant les circonstances.

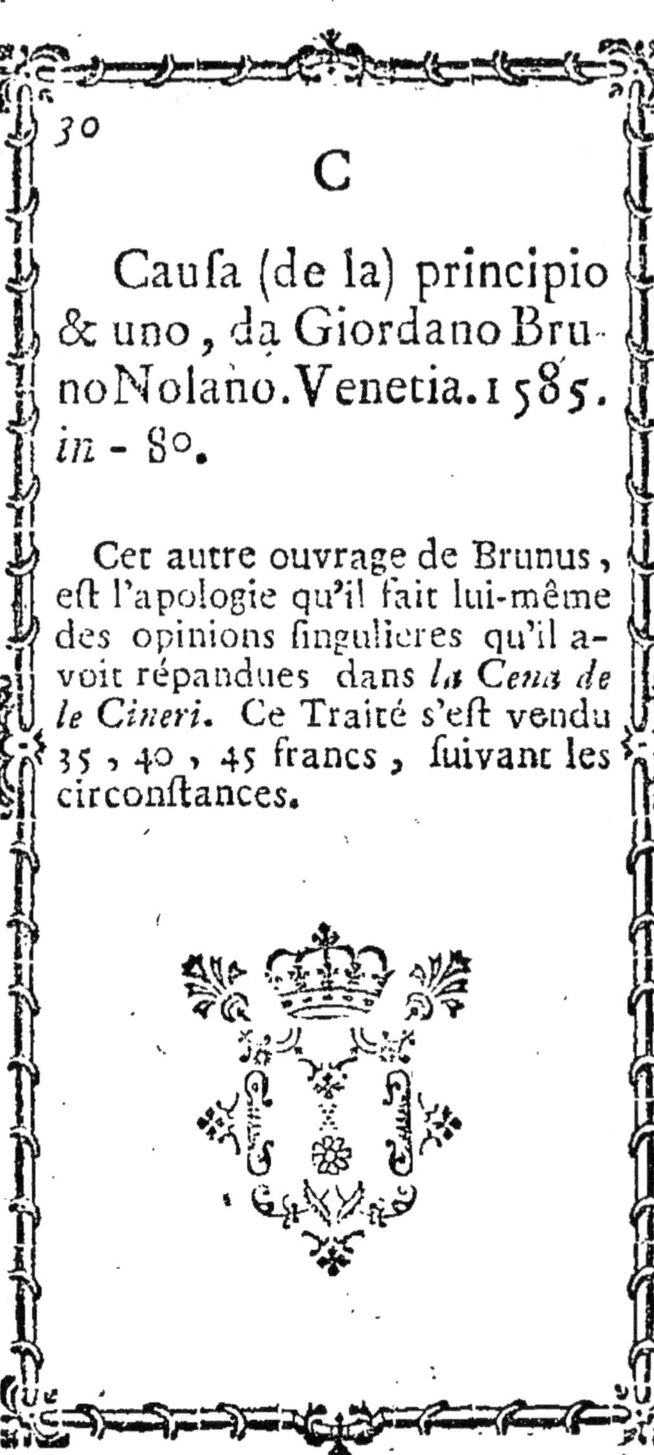

C

Cena (la) de le Ceneri, defcritta in cinque Dialogi, per quattro interlocutori contre confiderationi &c. Ann. 1584. *in-*8°.

Cet ouvrage eft de Brunus, & ne contient que 128 pages, divifées en cinq Dialogues. La raifon du titre eft, qu'on fuppofe que ce font des entretiens tenus à table le premier jour de Carême. L'Auteur développe dans cet ouvrage les propriétés du nombre Binaire, le fyftême de Copernic, les myftères de la Nature, fon fyftême fur l'Univers créé, & l'utilité de fa Philofophie. Cet ouvrage a été vendu depuis 100 liv. jufqu'à 140.

C

Cocaii (Merlini) Poëtæ Mantuani opus Macaronicorum totum in pristinam formam per me magistrum aquarium Lodolam optimè redactum. 1521. *in* - 12.

Théophile Folengi est le vrai auteur de cette plaisanterie. Cette édition vaut environ 48 liv. mais celle de 1517 & celles qui suivirent celle dont il est ici question sont beaucoup moins estimées.

C

Collectiones Peregrinationum in Indiam Orientalem, & Indiam Occidentalem, xxv. Partibus comprehensæ; opus illustratum, fig. Fratrum de Bry. & Meriani. *Francf. ad Mæn.* 1590 & 1634. 12 vol. *in-fol.*

M. de Prefont avoit fait des dépenses extraordinaires pour completer & enrichir la collection des Voyages qu'il possédoit : malgré tous ces soins, & la beauté de la relieure, cet ouvrage cependant ne fut vendu que 985 liv.

C

Collii (Francifci) de animabus paganorum, libri v, cùm alterâ parte quæ libris quatuor conftat. Mediolani , è Collegio. Amb. Typ. 1622 & 1633. 2 vol. *in* - 4°.

Ce Traité étoit autrefois beaucoup plus rare, mais un Libraire en ayant trouvé en 1707 un certain nombre de feconds volumes, fit réimprimer le premier. Malgré cela , l'ouvrage eft encore aujourd'hui fort recherché , & particulierement l'édition originale qui peut valoir 75 à 85 liv.

C

Cymbalum Mundi, *ou*
Dialogues Satyriques fur
divers fujets &c. Amft.
(Paris.) 1732. *in*-12.

Ce petit ouvrage fatyrique eft
de Bonaventure Defpériers, &
orné de remarques de Profper
Marchand. Il vaut communément 15 à 20 liv. cette édition
eft fort-belle.

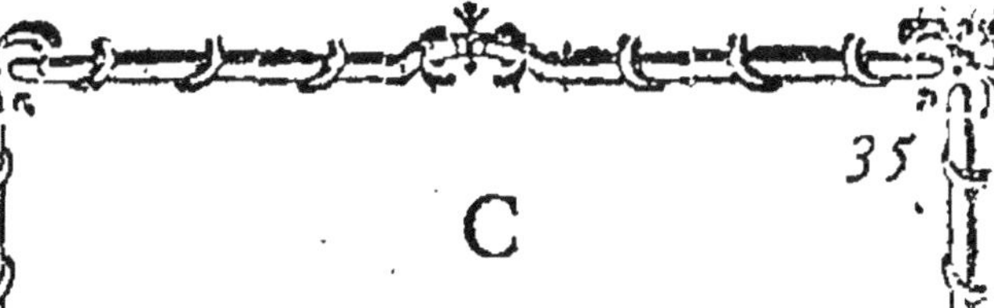

D

Decamerone (il) di M. Giovanni Bocaccio in Firenze, Giunti. 1527. *in*-8°.

Ce Décameron de Bocace eſt un recueil de cent nouvelles Galantes, où l'Auteur s'eſt égayé à décrire les myſtères de l'amour. De tous les ouvrages de Bocace, celui-ci eſt le plus connu, & le ſeul en effet qui mérite de l'être, par la naïveté des deſcriptions & par la grande délicateſſe qu'on y trouve de la Langue Italienne.

L'édition dont nous parlons ici, a été imprimée à Florence ſous la conduite de quelques Florentins, qui n'ont épargné aucun ſoins pour la rendre parfaite. Cette exactitude & la beauté de l'impreſſion la font rechercher des amateurs, qui la paient fort cher. Cette édition peut valoir 360 à 380 liv. Depuis quelques années, il a plû à

D

quelques Libraires d'en faire une édition contrefaite, qui ressemble si parfaitement à l'original, que plusieurs personnes y ont été trompées. En effet, la seule différence sensible, ne consiste que dans le changement d'une seule lettre d'un mot. Dans l'édition originale on lit Novalla VIII, au lieu que dans la contrefaite on lit Novella VIII.

D

Doleti (Stephani) Commentariorum Linguæ Latinæ epitome. 2 *vol. in-fol.* 1536. *Lug. Gryphius.*

Cet ouvrage de *Dolet*, est très-rare, & vaut 150 liv.

E.

Enchiridion Leonis Papæ. Lugd. 1584. *in* 24.

Ce recueil d'Oraisons mysté-rieuses, attribuées au Pape Leon X, se vend encore 30 liv. mais l'édition originale qui est de 1525 *à Rome*, est beaucoup plus rare & plus chere. On doit observer que les réimpressions de 1607 & de 1633, ne sont nullement estimées & valent très-peu.

F

Figures des Monnoies de France. 1619. *in-*4°.

Cet ouvrage de Haultin, eſt un Recueil des Empreintes de toutes les Monnoies qui ont été frappées depuis le commence- ment de la Monarchie. Quand ce volume eſt bien conditionné, il vaut au moins 100 liv.

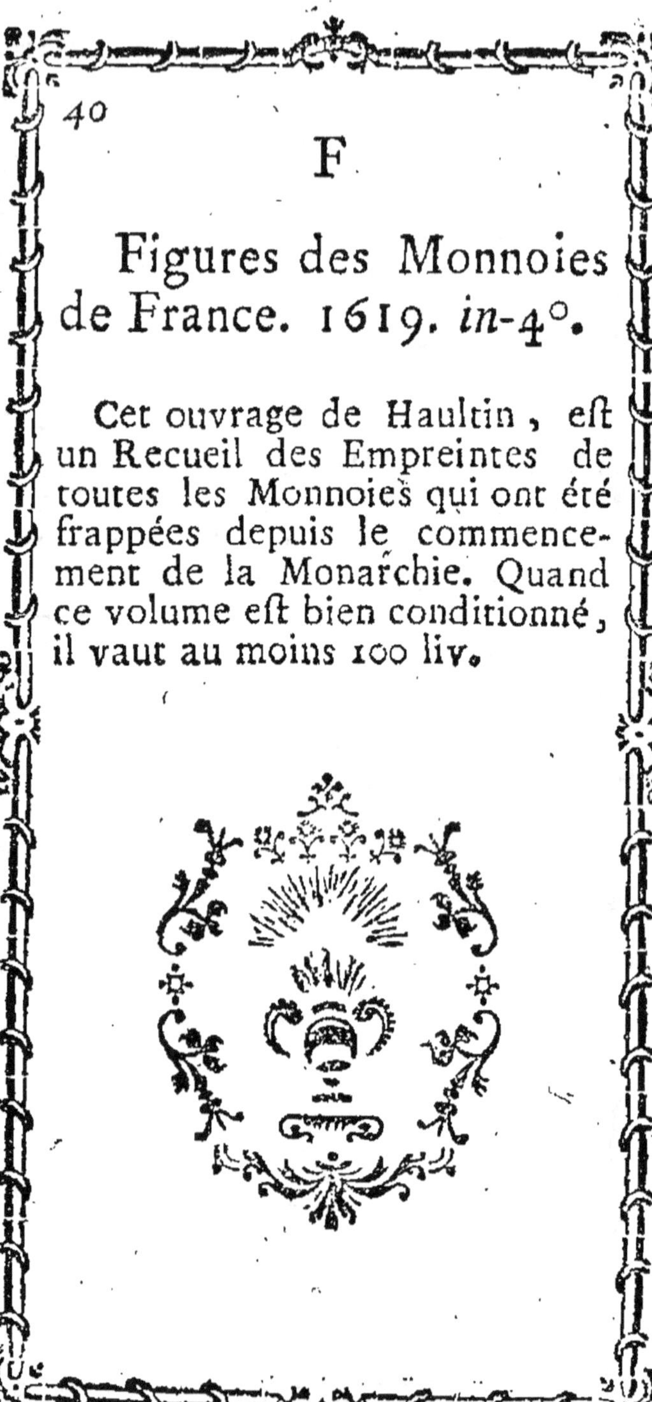

G

Gazette (la) des Hal-les. 1649. *Paris. Metayer.*

Quand cette rapfodie fe trou-ve jointe avec la *Famine*, ou les *Putains à Cul.* 1649. *Les Paſſages ouverts*, en vers bur-lefques. 1649. &c. elle fe vend encore aſſez chere : On peut voir dans le Catalogue de M. de Préfont, que cette collection a été vendue 50 liv.

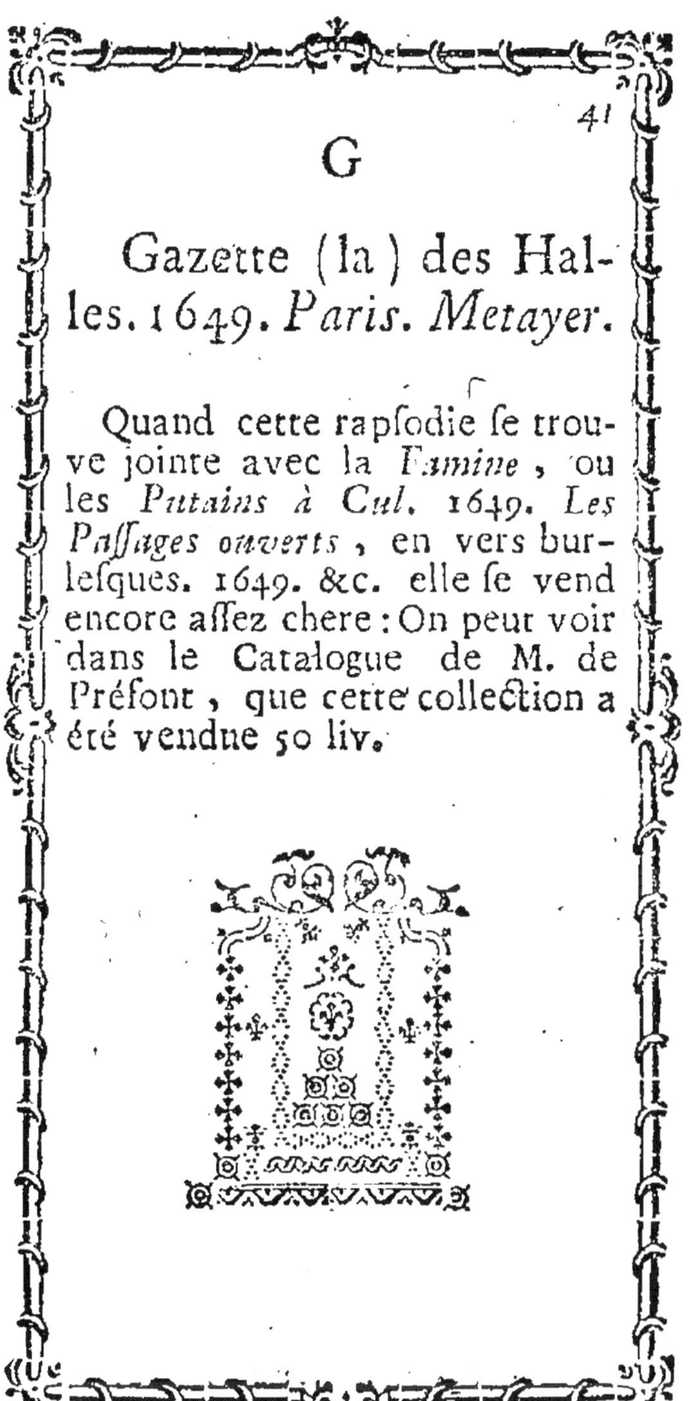

H

Hieronymi (S.) Epistolæ. *Moguntiæ, per Petrum Scoëffer de Gernsheim, anno* 1470. *in·fol.*

Quoique tous les ouvrages imprimés avant 1470 soient fort recherchés, cependant cette édition postérieure à celle de Conr. Sweynheim de 1468, passe pour être plus rare, sans doute à cause de la réputation de l'Imprimeur.

H

Historia Religionis ve-
terum Perſarum eorumq.
Magorum. Acced. Zo-
roaſtris vita , Authore
Thom. Hyde. Oxon. è
Theat. Sheldon. 1700.
in - 4°.

Cet ouvrage, quoiqu'imprimé
de nos jours , eſt rare & recherché. Le prix eſt de 50 liv.
au moins.

J

Janua (Joannis de)
Ordinis Fratrum Prædi-
catorum , summa quæ
dicitur Catholicon. *Mo-
guntiæ. Ann.* 1460. *in-fol.*
2 *vol.*

Cet ouvrage de Grammaire est
une des premieres productions
de l'Imprimerie, & dont il ne
reste que très peu d'exemplaires. La souscription qu'on trouve à la fin , annonce la date &
le lieu de l'impression : quoique
les noms de *Jean Fust* & de
Scoëffer ne s'y trouvent pas , on
est cependant certain qu'ils en
sont les Imprimeurs. Ce rare
ouvrage vaut environ 200 liv.

I

Imago primi sæculi Societatis Jesu cum figuris. *Antuerpiæ.* 1640. *in-fol.*

Les louanges outrées qu'on donne dans cet ouvrage à la Société, en font tout le mérite. Il valoit autrefois 100 livres, mais quelques exemplaires venus de Flandre en ont diminué le prix, & il a été vendu dernierement 45 liv.

L

Le Champion des Da-
mes, contenant la défense
des Dames contre Malle-
bouche &c. *Paris, Gaillot
du Pré.* 1530. *in - 8°.*

Ce Roman est de Martin
Franc , & ne contient rien de
bien précieux ; cependant il est
recherché à cause de son antiquité , & se vend 24 liv. Ob-
servez que cet ouvrage est en
caractéres Gothiques.

M

Marianæ (Joannis) de Rege & Regis inſtitutione, lib. III. Toleti 1599. *in-4°.*

Tout le monde ſçait les raiſons qui rendent rare cet ouvrage ſéditieux. Le ſixiéme Chapitre du premier livre a été retranché dans les éditions ſuivantes. Ce libelle eſt encore actuellement vendu 100 liv. & devient plus rare de jour en jour.

M

Missa Latina, quæ olim ante Romanam circà annum 700 in usu fuit ; edita à Mathiâ (Francowitz) Flaccio Illyrico, cùm additionibus ejusdem argumenti, nec non præfatione beati Rhenani in Missam. *Argentinæ, Mylius.* 1557. *in* - 8₀.

Cet ouvrage de Mathias (Francowitz) Flaccus Illiricus, célébre Luthérien, sert aux Catholiques Romains à prouver l'antiquité & l'autenticité de la Messe. Il a été réimprimé plusieurs fois ; mais l'édition originale se vend toujours un prix exorbitant, parce qu'elle fait preuve sans replique contre les Luthériens. Il a été vendu à la vente de M. Prefont, faite par de Bure, 207 liv.

N

Numiſmata. J. B. Altini. 1640. *in-fol.*

Cet ouvrage eſt un des plus rares de tous ceux qui traitent des Médailles. La valeur eſt de 150 liv.

O

Ortizii (Blasii) Descriptio summi Templi Toletani. *Toleti, de Ayala.* 1549. *in-8o.*

Cet ouvrage est assez rare ; ce qui le rend curieux , est un détail circonstancié du rit & de l'office Mozarabe. Le prix est de 30 liv.

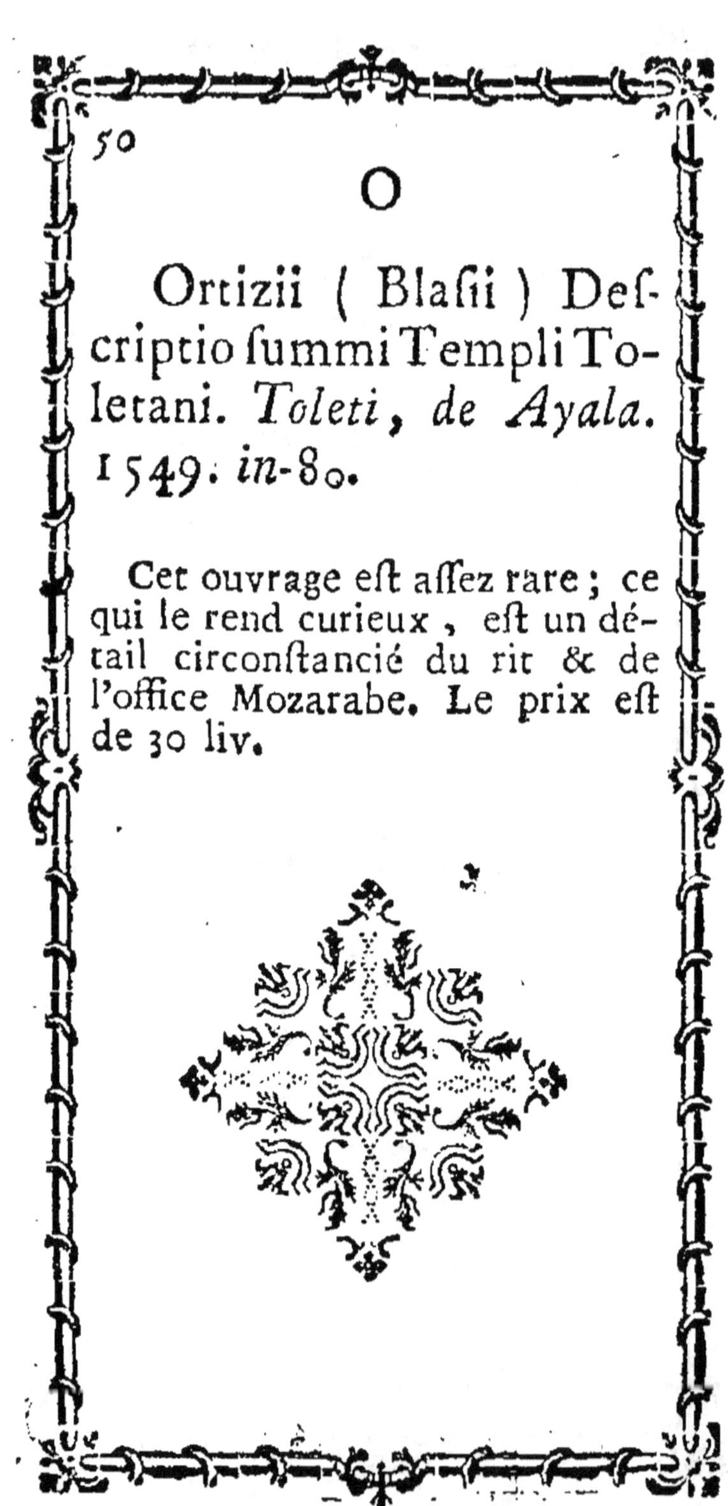

P

Pereyræ (Gometii) Antoniana Margarita, opus nempè Phificis, Medicis ac Theologis non minùs utile quàm neceflarium. *Methymmæ Campi, de Myllis.* 1554. *in-fol.*

Pereyra, Médecin Efpagnol, eft particulierement connu pour la fingularité de fes paradoxes, qui font expofés dans cet ouvrage, qu'il intitula ainfi par allufion à fon pere & à fa mere. Ce Traité fe trouve communément avec une petite brochure de Palacios, Médecin de Salamanque, qui réfute le fyftême de Pereyra, & qui a été imprimée l'année fuivante. Ces deux Traités peuvent valoir enfemble 165 liv.

On connoît encore une autre réfutation de Pereyra, intitulée,

P

Endecalogo contra Antoniana Margarita, *Medinæ Campi*, 1556. *in-8.* Ce volume eſt le plus rare de cette collection, & n'a point encore été vendu dans le Public.

Pereyræ (Gometii) nova & vera Medicina. *Methymmæ Campi Duelli. Fr. à Canto.* 1558. *in-fol.*

Cet autre ouvrage de Pereyra eſt moins recherché, quoique plus difficile à trouver, parce qu'il contient moins de choſes curieuſes que *l'Antoniana Margarita*, & il vaut tout au plus 60 liv.

P

Philelphi (Francisci) Epistolarum familiarium libri xxxvii. *Venet. de Gregoriis*, 1502. *in fol.*

Cette édition des Epitres de Philelphe est fort rare, voilà ce qui la fait préférer aux amateurs ; cette unique raison la fait vendre ordinairement 100 liv. & même quelquefois beaucoup plus, suivant les circonstances.

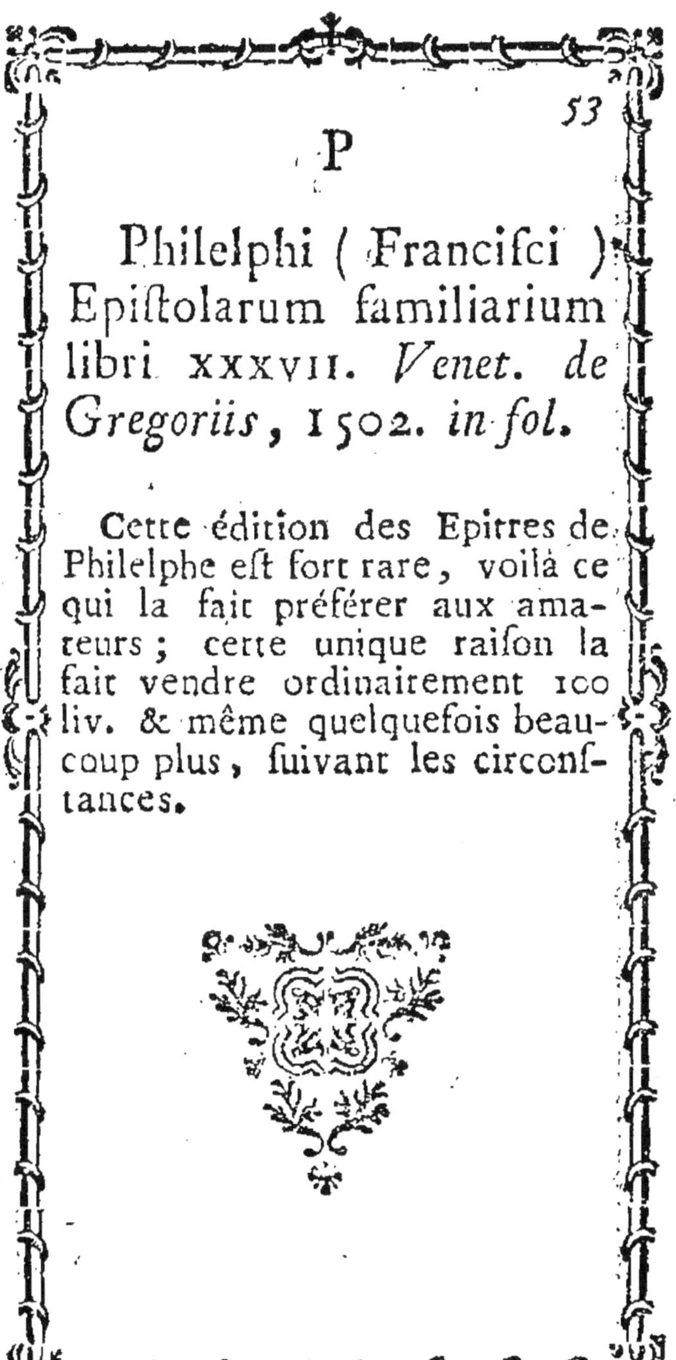

P

Pisis (Bartholomæi de)
liber conformitatum vitæ
beati Francisci ad vitam
D. N. J. C. *Mediolani,*
Castilioneus, 1513. *in-fol.*

Tout le monde connoît cet
ouvrage singulier : l'édition de
1513 & celle de 1510, sont en-
tiérement conformes, avec cette seule différence, que la premiere est en caractères gothiques
& la seconde en caractères ronds
demi-quarrés. Les fameux pas-
sages retranchés depuis, sont à
la page 27. col. 2. p. 33. col. 3.
p. 63. col. 1. Le prix est de 150
liv. & l'édition de 1590 ne vaut
guéres que 30 liv.

Q

Queſtion Royale & ſa déciſion, par l'Abbé de S. Cyran. *Paris. Dubray. 1606. in-12.*

M. Piget contrefit cet ouvrage, qui valoit autrefois 90 à 100 liv. Le papier de la contrefaction eſt beaucoup plus beau, c'eſt ce qui ſert à la faire diſtinguer de l'édition originale. Il y a encore une marque diſtinctive dans le titre de la contrefaction. Mais malgré cela, l'édition originale ne vaut que 12 à 15 liv. & l'édition contrefaite 12 ou 15 ſols.

R

Recherches curieuses des Monnoies de France, par Claude Bouteroue. *Paris. Martin. 1666. in-fol.*

Ce Traité, qui devoit être suivi de plusieurs autres, qui n'ont point vû le jour, est très recherché. Cet ouvrage vaut 50 à 60 liv.

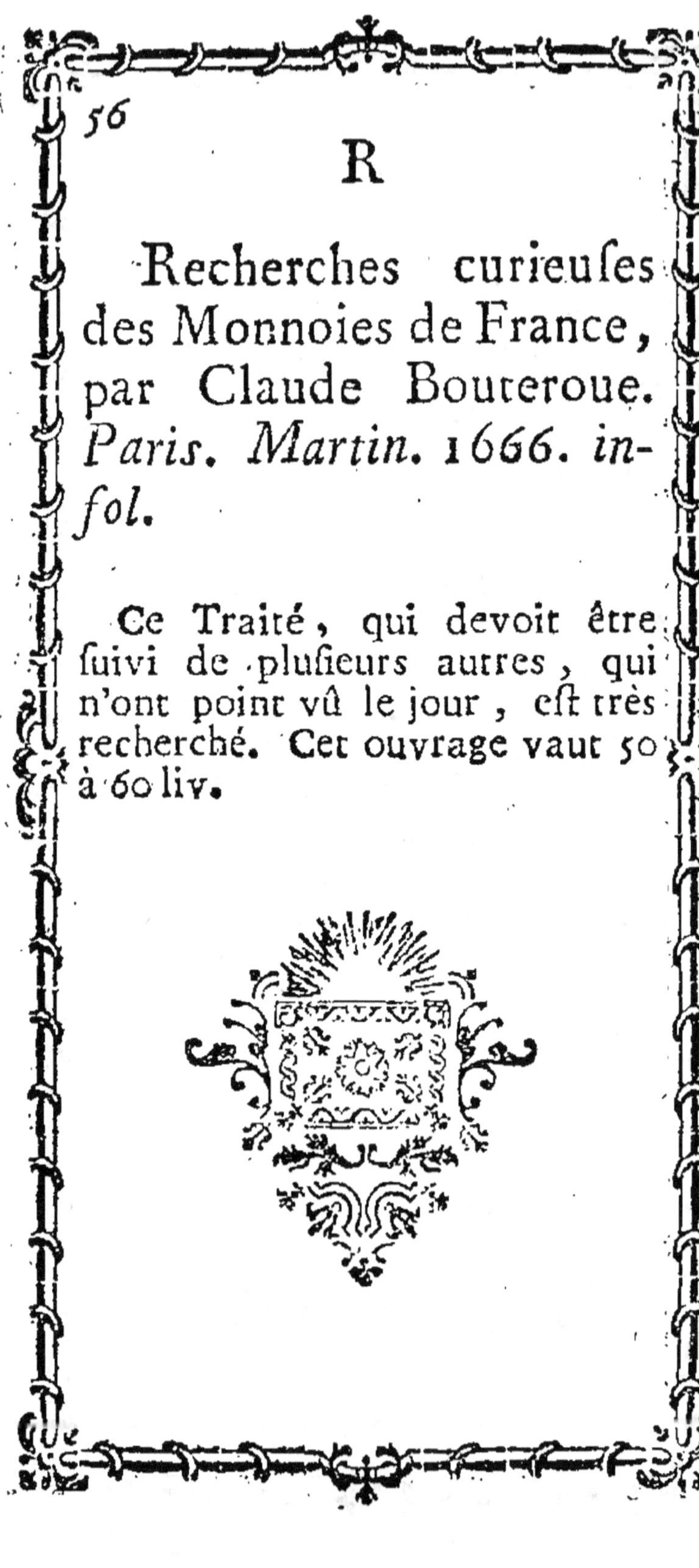

R·

Regulæ Societatis Jesu. Romæ in Collegio ejusdem Societatis. *anno* 1 5 8 2. *in-* I 2.

Cette édition se vend un prix excessif ; on a même pendant quelque - temps douté de son existence ; sa rareté la tiendra encore long - temps au même prix , qui est de 150 liv.

R

Ruſcæ (Ant.) de inferno & ſtatu dæmonum ante mundi exitium lib. v. in quibus tartarea cavitas, cruciamentorum genera , ethnicorum de his opiniones &c. *Mediolani è Colleg. Ambr. Typog.* 1621. *in-*4o.

Tout le monde ſçait , que les livres appellés communément Ambroſiens ſont très recherchés ; celui-ci paſſe pour être un des rares de cette collection , & vaut 45 à 50 liv.

S

Sanctarelli (Antonii) Soc. Jesu tractatus de Hæresi, Schismate, Aposta-siâ, sollicitatione in Sacramento Pœnitentiæ, & de potestate Romani Pontificis in his delictis puniendis. *Romæ. Zanetti.* 1625. *in-4°.*

La Cour de France s'intéressa à la suppression de ce Traité, qui fut censuré en Sorbonne, & condamné par Arrêt du Parlement, parce qu'il contenoit des maximes contraires aux Loix du Royaume & aux libertés de l'Eglise Gallicane, Prix 18 liv.

S

Simonetæ (Joan.) Com
mentarii rerum geſtarum
Franciſci Sfortiæ &c. *Me-*
diolani. Zarotus. 1479.
in-fol.

La beauté de l'impreſſion, la
réputation de l'Imprimeur ; &
quelques autres circonſtances,
font valoir cet ouvrage 150 liv.

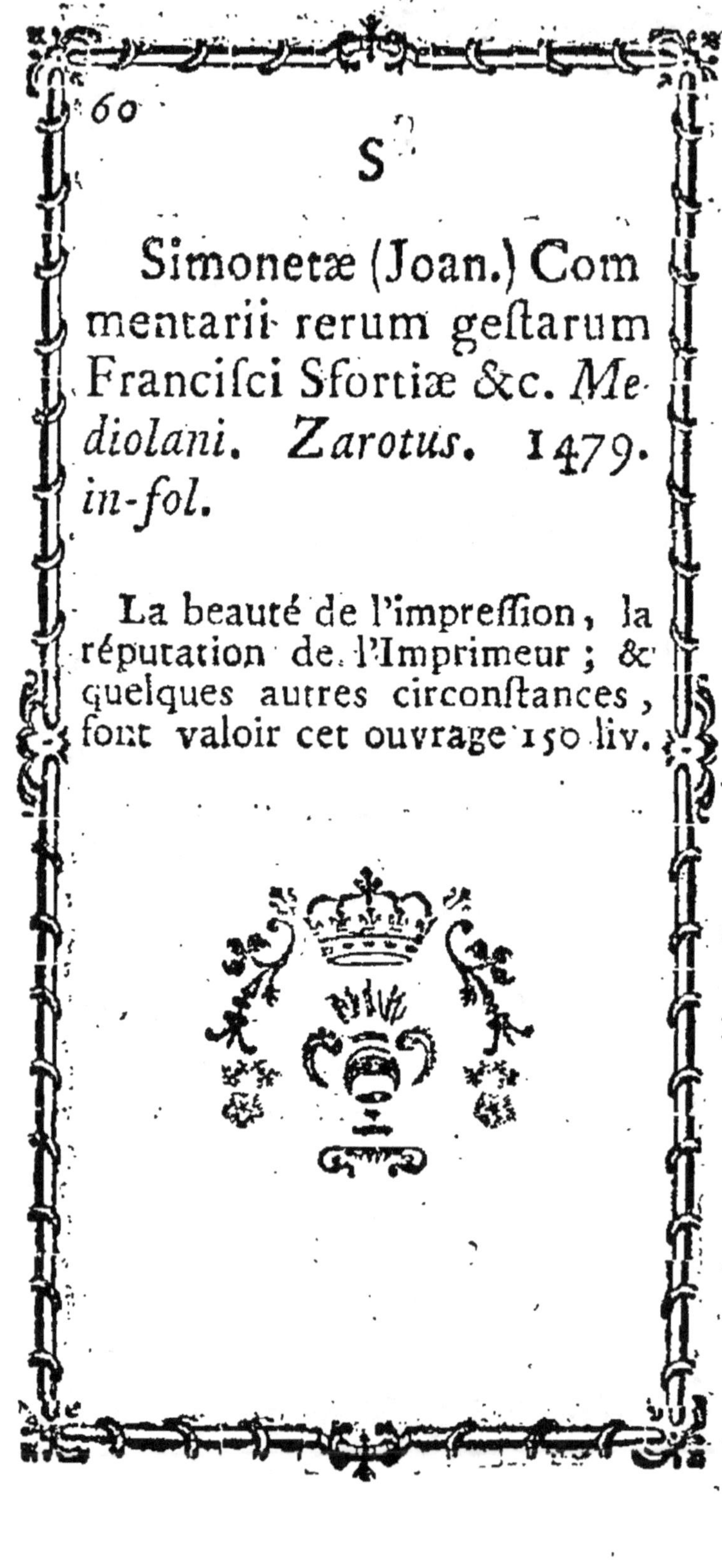

S

Spaccio de la bestia trionfante, proposta da Giove &c. (opera da Giordano Bruno Nolano.) Parig. 1584. in-8o.

Ce Traité impie de Giordanus Brunus a été supprimé avec tant de soin, que le peu d'exemplaires qui en restent se vendent fort cher. Cet ouvrage ne contient cependant que 263 pages, le but de l'Auteur se réduit à attaquer plusieurs points essentiels de la Religion, & à déguiser ses impiétés sous des axiomes de Philosophie & de morale ridicule & bizarre. Ce Traité qui s'est vendu autrefois jusqu'à 1200 liv. n'en vaut actuellement que 200.

S

Speculum vitæ huma-
næ in quo agitur de quoli-
bet genere statûs homi-
num. *Lugd. Guill. Regis.*
1477. *in-*4º.

Cet ouvrage est le premier qui
soit sorti des Presses de Lion , &
à cause de cela seul il a été vendu 79 liv. On doit observer que
tout ce qui est sorti de l'Imprimerie depuis sa naissance jusqu'à la
date du livre dont il est ici question , est rare & fort recherché.

S

Statii (Publii Papini) opera, interpretatione & notis illustravit Claudius Beraldus, ad usum Delphini. *Parisiis. Roulland.* 1685. *2 vol. in-4°.*

Ce livre est encore un des rares, qui forme la collection des *ad usum Delphini.* Il peut valoir 260 à 280 liv.

S

Statuta Ordinis Cartusiensis, à Guigone Priore Cartusiæ edita, nec non privilegia ejusdem Ordinis. *Basileæ Jo. Amorbachius. in-fol.*

Cet ouvrage est de Guigues cinquième Général des Chartreux. Les soins que se sont donnés, & que se donnent encore les Religieux de cet Ordre pour supprimer ce Traité, est la cause de sa rareté ; on doit regarder si la partie qui concerne les Priviléges de l'Ordre se trouve dans les exemplaires que l'on veut acheter ; car si cette partie manquoit, le prix en est bien moindre. Cet ouvrage vaut 50 liv. quand il est complet.

S

(Suenkfeldius) de duplici ſtatu, officio & cognitione Chriſti, videlicet secundùm carnem, & secundùm ſpiritum, per nobilem virum Ghaſparem Suenkfeldium, ſummo in ſacris judicio prædito, divinæ ſcripturæ teſtimoniis collata, & ad Chriſti Domini cognitionem invulgata. *in-8°.*

Cette piéce, qui a été imprimée l'an 1546, eſt extrêmement rare ; elle n'eſt compoſée que de 22 pages, qui traitent du Péché contre le S. Eſprit, qui ne peut être remis ni dans ce monde ni dans l'autre. M. Piget, éleve du célébre Gandouin, qui avoit une très-grande con-

S

noiſſance de livres rares , & qui avoit fouillé dans toutes les Bi-bliothéques , avoue lui-même , qu'il n'en a jamais rencontré qu'un ſeul exemplaire. Il a été vendu à une vente faite par M. de Bure le jeune , 181 liv.

T

Tamerlan (Historia del Gran) *Sevilla. Pefcioni.* 1582. *in - fol.*

De toutes les Hiſtoires de ce cruel conquérant, celle-ci eſt la plus eſtimée ; mais ce qui la diſtingue particulierement, c'eſt qu'on y trouve quelques particularités remarquables. Elle vaut 140 à 150 liv.

T

Teatro Jesuiſtico apologetico, diſcurſo, con ſaludables y ſeguras Dottrinas neceſſarias à los Principes de la Tierra, por el Dotor Franciſco de la Piedad. *Cuïmbra. Cendrat.* 1654. *in-*4°.

Cet ouvrage qu'on attribue à Ildefonſe, Religieux Dominicain, eſt un des plus rares & des plus chers qu'on connoiſſe; puiſque cette ſatyre amere contre les Jéſuites, s'eſt vendue juſqu'à 1500 liv. Cinq à ſix exemplaires qui ſont venus d'Eſpagne depuis quelque-temps, en ont diminué le prix, qui eſt encore cependant de 7 à 800 liv.

T

Tolandi Pantheïsticon seu Formula celebrandæ sodalitatis Socraticæ. Cosmop. 1720. in-8°.

On trouve à la fin de quelques exemplaires de ce Traité, une Priere impie & ridicule qui n'est point de Toland, mais qui a été ajoutée, au rapport de M. Mosheim, par quelqu'un qu'il connoissoit, pour rendre ridicule la Société des Pantheïstes. Ce Traité ne peut pas passer comme très-rare, cependant il coûte encore 15 ou 20 liv.

U

Ugonii (Matthiæ) Epiſcopi Phamauguſtani de Conciliis Synodia Ugonia &c. *Venetiis.* 1563. *in-fol.*

Mathias *Ugonius*, Evêque de Chypre, eſt Auteur de cet ouvrage, qui ne vaut guéres que 40 à 50 liv.

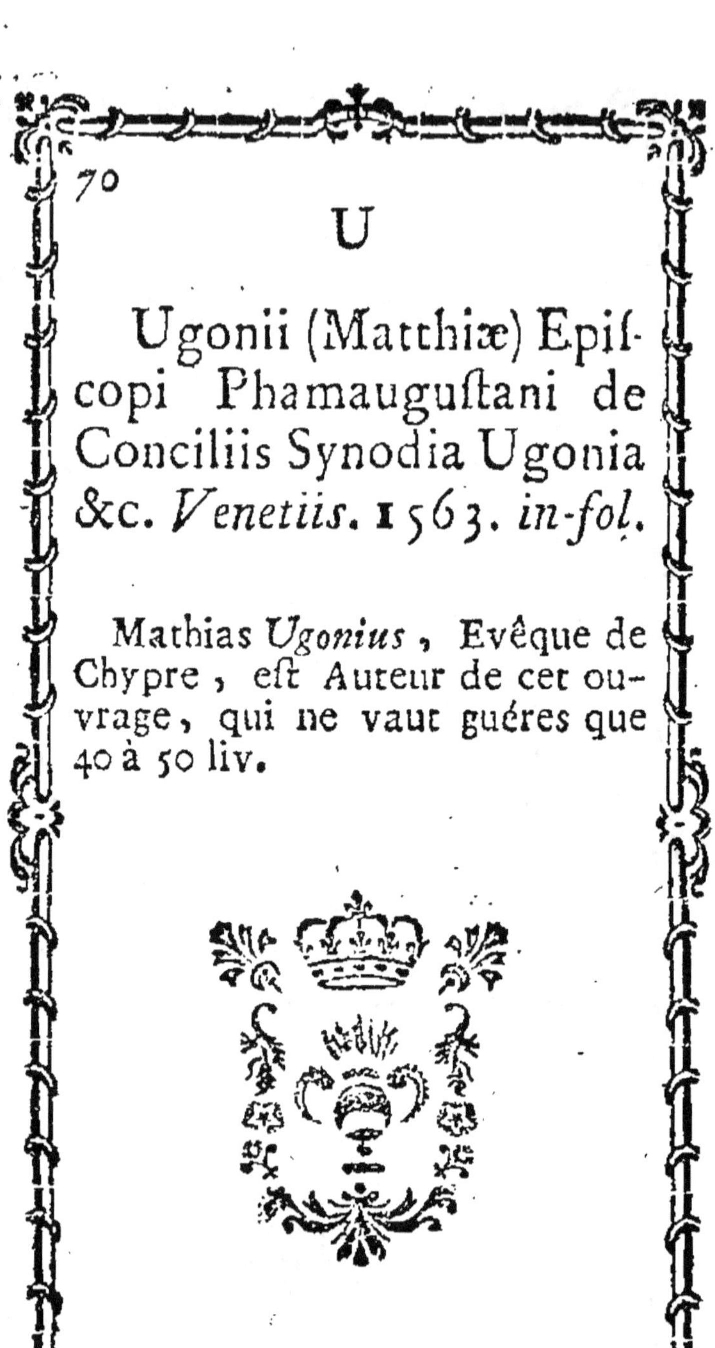

W

Wiclefi (Joannis) Dialo-gorum lib. IV. *in-4°.* 1525.

Les soins de la Cour de Rome, pour empêcher que l'ouvrage de ce célébre Héréfiarque ne se répandît, sont la cause de sa rareté. Quoiqu'il soit sans nom d'Imprimeur, on croit qu'il est sorti des presses du célébre Jean *Oporin* de Basle. Prix 120 à 130 liv.

FIN.

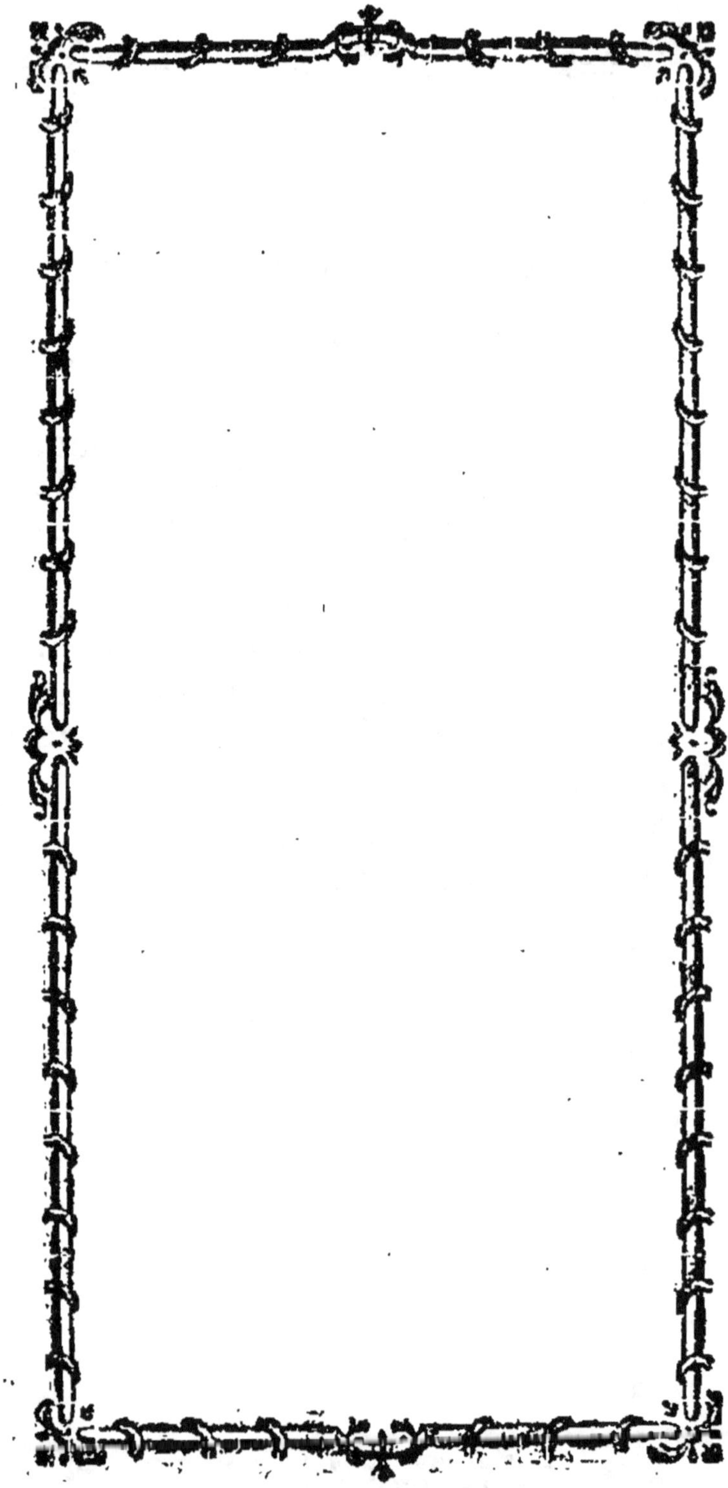

www.ingramcontent.com/pod-product-compliance
Lightning Source LLC
LaVergne TN
LVHW022315170726
843503LV00006B/2517

9782329688251